나는 포기하지 않아!

코로나 백신의 어머니 커털린 커리코

꿈이 있고 절대로 포기하지 않으려는 알렉스와 모든 어린이에게
— 데비 데이디

자신이 진정으로 원하는 것을 추구하는 사람들과 그들을 지지하는 사람들에게
— 줄리애나 오클리

NEVER GIVE UP: Dr. Kati Karikó and the Race for the Future of Vaccines
by Debbie Dadey, illustrated by Juliana Oakley

Text Copyright © 2023 by Debbie Dadey
Illustrations Copyright © 2023 by Juliana Oakley
All rights reserved. No part of this edition may be reproduced, stored in a retrieval system, or transmitted in any form or by any means-electronic, mechanical, photocopying, recording, or otherwise-without the prior written permission of Lerner Publishing Group, Inc. All copyrights, logos, and trademarks are the property of their respective owners.
This Korean edition was published by Dourei Publication Co. in 2023 by arrangement with Millbrook Press, a division of Lerner Publishing Group, Inc., 241 First Avenue North, Mineapolis, Minnesota 55401, U.S.A. through KCC(Korea Copyright Center Inc.), Seoul.

이 책은 (주)한국저작권센터(KCC)를 통한 저작권자와의 독점계약으로 두레출판사에서 출간되었습니다.
저작권법에 의해 한국 내에서 보호를 받는 저작물이므로 무단전재와 복제를 금합니다.

나는 포기하지 않아!
코로나 백신의 어머니 커털린 커리코

데비 데이디 글 • 줄리애나 오클리 그림 • 이충호 옮김

두레아이들

헝가리의 시골 마을에 있는 방 한 칸짜리 초가집. 갈대 지붕 위로 아침 햇살이 비칠 때쯤이면 커털린은 이미 일어나 닭에게 모이도 주고, 달걀도 꺼내고, 달려드는 수탉을 피해 후다닥 달아난 뒤였어요. 돼지우리에도 들러 금방이라도 새끼를 낳을 것 같은 암퇘지를 살펴보았어요. 커털린은 새끼를 낳는 장면을 꼭 보고 싶었지만, 학교에 늦을 수는 없었지요. 잘하면 오후에 아버지가 새끼 돼지들을 돌보게 해 주실 거예요.

집에서 아버지가 동물에 대해 많은 것을 가르쳐 주었지만, 커털린은 학교에서 더 많은 것을 배웠어요. 하루는 선생님이 기묘하게 생긴 금속 물체를 들고 왔어요. 선생님은 현미경이라는 그 장비로 세포를 관찰하는 법을 가르쳐 주었어요. 커털린은 우리 몸이 이 작은 세포들로 이루어져 있다는 사실이 믿어지지 않았어요. 사실, '모든' 생물은 세포로 이루어져 있어요! 심지어 성질 고약한 수탉조차도요!

쉬는 시간에 커털린은 친구들과 달리기 시합을 했어요. 커털린은 달리기를 무척 잘했지만, 매번 이기지는 못했어요. 그래도 절대로 포기하지 않았어요. 쉬는 시간이 끝나고 교실로 돌아온 커털린은 세포와 그 세포를 연구한 과학자들에 대해 더 많은 것이 궁금해졌어요.

"연구실에서 일하는 것은 늘 즐거웠어요. 정말로 즐거운 일이었어요. 연구가 예상한 대로 진행되지 않더라도 말이에요."
– 커털린 커리코 박사

그날 저녁, 커털린은 부모님께 과학자가 되고 싶다고 말했어요. 아버지 어푸커는 정육점에서 일했고, 어머니 어뉴커는 집 근처에 있는 병 만드는 공장에서 경리 일을 했어요. 부모님은 노력과 끈기만 있으면 아이들이 무슨 일이든지 해낼 수 있다고 믿었어요.

"네가 노벨상을 받길 기대할게." 어머니가 말했어요.
커털린은 도전하는 걸 좋아했어요. 과연 커털린은 과학자에게 최고의 영예인 노벨상을 받을 수 있을까요?

커털린은 학년이 올라가면서 과학 캠프에도 참가했어요. 한번은 물고기 부화장을 방문한 적이 있었어요. 그곳에서 어떤 먹이들은 물고기를 더 크게 자라게 한다는 사실을 알게 되었어요.

여기서 작은 변화가 큰 효과를 나타낼 수 있다는 걸 배웠어요.

열네 살 때, 선생님은 과학 올림피아드에 나갈 학교 대표로 커털린과 다른 한 학생을 뽑았어요. 집에서 멀리 떨어진 도시 부다페스트에서 일주일 동안 열리는 대회였어요. 커털린은 더 어린 남학생과 함께 단둘이 기차를 타고 출발했어요.

그런데 큰 문제가 하나 있었어요. 바로 그 주에 언니와 어머니는 워터파크가 있는 도시로 여행을 가기로 돼 있었거든요. 아주 재미있는 여행이 될 것 같았지만, 커털린은 둘 다 할 수는 없었어요. 커털린은 과학 올림피아드를 선택했어요.

과학 올림피아드가 열리는 날, 기차가 목적지인 부다페스트에 가까워지자, 창밖으로 보이는 건물들이 점점 더 높아졌어요. 그렇게 큰 도시는 태어나 처음 보았어요!

"최고의 과학자들은 자신이 틀렸다는 것을 증명하려고 노력한다. 커털린의 천재성은 실패를 기꺼이 받아들이고 계속 노력하려는 의지, 그리고 사람들이 미처 생각하지 못한 질문에 대한 답을 찾아내는 능력에 있었다."
— 데이비드 랭거 박사(신경외과 의사)

과학 올림피아드에서 커털린은 3등을 했지만, 배워야 할 게 아직 너무 많다는 걸 깨달았어요.
이런 경험을 하자 커털린은 기가 죽기는커녕 더 열심히 노력해야겠다는 의욕이 활활 타올랐어요.

시간이 지나면서 커털린은 모든 세포에는 DNA, 즉 디옥시리보핵산이 들어 있다는 사실을 알게 되었어요. 이 물질에는 생물의 몸을 만들고 유지하는 모든 지시가 들어 있어요. 아이는 부모에게서 DNA를 물려받아요. 아이의 눈이나 머리카락 색깔이 부모나 조부모와 똑같은 것은 이 때문이에요. 키가 크거나 작거나, 코나 귀가 크거나 작은 것도 모두 DNA에 그 원인이 있어요.

커털린도 어른이 되어 결혼을 했고, 자신처럼 초록색을 띤 파란색 눈을 가진 딸을 낳았어요.
그 무렵에 커털린은 모든 학업 과정을 마치고, 커털린 커리코 박사로 불리게 되었어요.

첫 직장인 헝가리의 생물학 연구소에서 일을 하면서 커털린은 mRNA(전령 RNA)에 흥미를 느꼈어요. RNA(리보핵산)는 DNA로부터 만들어지는데, mRNA는 단백질을 만들라는 DNA의 지시를 리보솜으로 전달해요. 병에 걸리면, 우리 몸은 단백질(예컨대 병균을 공격하는 항체)을 만들어 대응함으로써 건강을 회복하지요. 커털린은 병에 맞서 싸우는 이 자연적 과정을 개선하는 방법이 있으리라고 생각했어요.

"커털린은 긍정적 의미에서 전령 RNA 개념에 강하게 집착했다. 이는 모든 것을 확 바꿔 놓는 결과를 가져왔다."
— 앤서니 파우치(국립 알레르기·전염병 연구소 소장)

가끔 우리 몸이 미처 맞서 싸울 준비가 되어 있지 않은 병균이 침입하는 일이 있어요. 그러면 우리 몸은 그것을 물리치지 못하고 병을 앓아요. 커털린은 만약 새로운 mRNA를 만들어 적절한 단백질을 만들라는 지시를 정확하게 전달한다면, 병이 더 빨리 낫거나 아예 처음부터 병에 걸리지 않을 것이라고 생각했어요.

그러나 불행하게도 우리 몸은 자신이 직접 만들지 않은 mRNA는 모두 파괴해 버리는 성질이 있어요. 다른 과학자들은 세포에게 스스로 치료하도록 가르치는 것은 불가능하다고 커털린에게 말했어요.

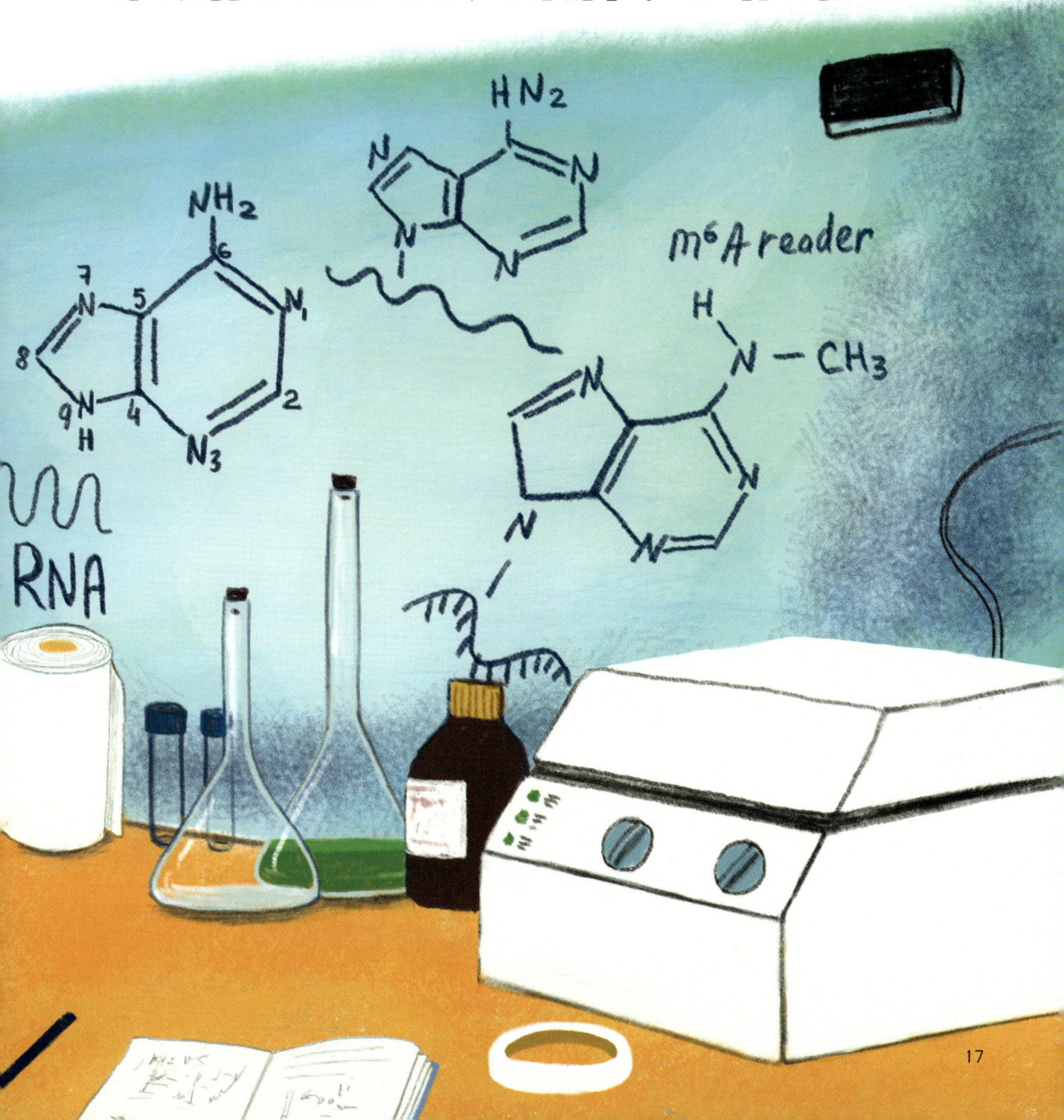

커털린은 mRNA를 연구하는 다른 과학자들에게서 필요한 정보와 지식을 얻기 위해 미국으로 가기로 결심했어요. 커털린 가족은 미국으로 가기 위해 짐을 꾸렸지만, 많은 것을 가져갈 수는 없었어요. 헝가리의 공산주의 정부는 재산을 대부분 남기고 떠나라고 강요했거든요. 커털린은 두 살이던 딸의 곰 인형에 몰래 돈을 숨겨서 비행기를 탔어요. 미국에서 새로운 삶을 시작하려면 그 돈이 꼭 필요했어요! 커털린은 무사히 대서양을 건너 미국에 도착해 템플 대학교에서 일을 다시 시작했어요.

그런데 미국의 새 직장에서도 커털린은 동료 과학자들에게서 똑같은 말을 들었어요. "mRNA로 의약품을 만들려는 시도는 결코 성공할 수 없을 거야!" 어떤 사람들은 커털린을 비웃기까지 했어요. 커털린은 그냥 포기했을까요? 아니면 뛰어난 능력을 발휘해 아무도 생각지 못한 방법을 찾아냈을까요?
커털린은 자신의 연구가 중요하다는 것을 믿었고, 그래서 더 많은 실험을 하면서 몇 년을 보냈어요.

커털린의 호기심은 잘못된 것이었을까요?

그러나 온갖 시도를 해 봤지만, 세포는 mRNA를 돕기는커녕 오히려 공격했어요. 매우 고통스러운 나날이었어요. 커털린의 연구실을 방문한 한 과학자는 여성이 연구실 책임자일 리가 없다고 생각하고서 커털린에게 남자 책임자를 만나게 해 달라고 요구하기도 했어요. 커털린을 미국에서 내쫓고 싶어 하는 과학자도 있었어요. 커털린은 템플 대학교에서 해고당하고, 나중에 펜실베이니아 대학교에서는 직위가 강등되기도 했어요. 윗사람들이 커털린이 하는 연구가 가망이 없다고 생각했기 때문이지요.

"나는 쓰러지면
나 자신을 일으켜 세우는 법을 알았어요."
– 커털린 커리코 박사

커털린은 아침마다 5시에 일어나 집의 서재에서 연구하다가 출근했어요. 휴일과 주말에도 쉬지 않고 일했어요. 일하다가 가끔 간식을 먹었는데, 구버스 초콜릿 땅콩을 가장 좋아했어요. 남편인 벨러 프런치어는 커털린이 연구를 정말로 좋아한다는 사실을 잘 알고 있었어요. 그래서 "당신은 일하러 가는 게 아니야. 즐기러 가는 거지"라고 격려해 주었지요. 커털린은 연구비 신청서를 작성하느라 밤늦게까지 일할 때도 많았어요. 실험하고 필요한 장비를 갖추려면 돈이 많이 들었거든요.

"이것은 사실 일이 아니다.
이것은 열정이다."
— 커털린 커리코 박사

커털린은 휴식이 필요하면 달리기를 했어요. 이제 다 큰 딸 수전이 자전거를 타고 동행할 때도 있었어요. 마라톤에도 도전했어요. 커털린은 결승선을 지날 때까지 절대로 포기하는 법이 없었지요. 달리는 도중에도 어떻게 하면 자신이 바라는 대로 mRNA를 활용할 수 있을지 곰곰이 생각했어요.

1997년의 어느 날, 커털린은 자신이 일하던 대학교에서 서류를 복사하러 갔어요. 그곳에서 역시 복사기를 사용하러 온 드루 와이스먼이라는 과학자를 만났어요. 커털린은 와이스먼에게 자신이 하고 있는 연구를 들려주었어요. 두 사람은 대화를 나누다가 새로운 아이디어가 떠올랐어요. mRNA를 이루는 네 가지 염기 중 하나를 변형시킴으로써 그 mRNA가 우리 몸이 바이러스를 물리치거나 병을 치료하도록 돕게 한다는 아이디어였지요. 이 아이디어는 과연 효과가 있을까요? 그 연구는 8년이나 걸렸어요. 그런데……

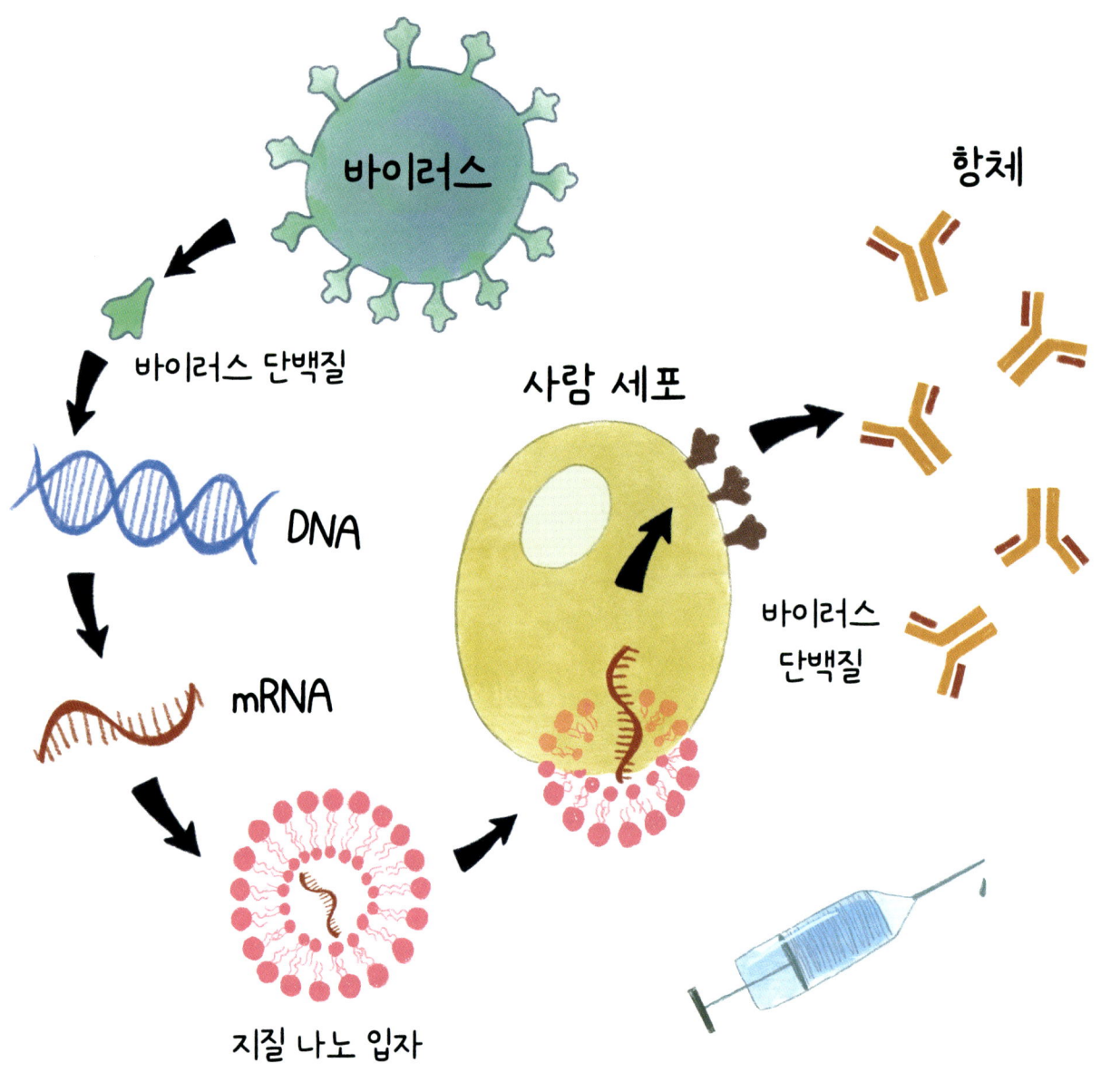

효과가 있었어요! 커털린은 믿을 수가 없었죠. 실험은 완벽한 성공이었어요. 실험을 여러 번 반복해 보았지만, 그때마다 결과는 성공이었어요. 지질 나노 입자라는 작은 지방 덩어리가 mRNA를 둘러싸 보호하면서 세포로 안전하게 운반했어요. 와이스먼과 커털린은 이 획기적인 연구 결과를 논문으로 썼어요. 두 사람은 세포에게 특정 바이러스 단백질을 만들도록 지시하는 mRNA를 만드는 방법을 발견한 것이었어요. 그 단백질은 우리 몸이 바이러스와 맞서 싸우는 항체를 만들게 하거나 치료 효과를 나타내 병을 낫게 했어요.

많은 과학자가 이들의 성과에 크게 놀랐어요. 특히 한 사람은 이 연구에 큰 감명을 받아 모더나라는 새로운 제약 회사를 세웠어요. 모더나는 커털린과 와이스먼의 위대한 업적에 기반을 둔 회사였어요.

커털린은 바이오엔테크와 모더나에서 일자리를 제안 받았는데, 둘 다 mRNA를 기반으로 한 의약품을 실험하는 곳이었어요. 이제 커털린은 이들 회사에서 연구비를 충분히 지원받으며 mRNA에 관해 더 많은 것을 연구하고, 그것을 이용해 특정 질병을 예방하거나 치료하는 방법을 찾는 연구도 할 수 있었어요. 커털린은 바이오엔테크를 선택했어요. 그곳에서 일하기 위해 커털린은 한동안 독일에서 살아야 했어요. 가족과 떨어져 지내는 것이 아쉬웠지만, 자신의 연구가 결국 수많은 인명을 살리리란 걸 알았지요. 그래서 커털린은 또 한 번 짐을 챙겨 먼 나라로 떠났어요.

"저는 겸허해야 한다고 느끼고 몹시 행복합니다. 저는 기초 과학자에 더 가깝지만, 늘 환자들을 도울 수 있는 일을 하길 원했습니다."
— 커털린 커리코 박사

2020년에 코로나19가 전 세계에 퍼지면서 수많은 사람이 감염되고 목숨을 잃었어요. 사람들은 마스크를 썼고, 가게들은 문을 닫고, 여행도 할 수 없었어요. 많은 사람이 재택근무를 하거나 집에서 온라인으로 수업을 받았어요. 전 세계의 연구자들이 백신을 개발하는 방법을 연구했어요. 백신으로 코로나19를 예방할 수 있다면, 코로나19 팬데믹의 위험을 크게 줄일 수 있기 때문이지요.

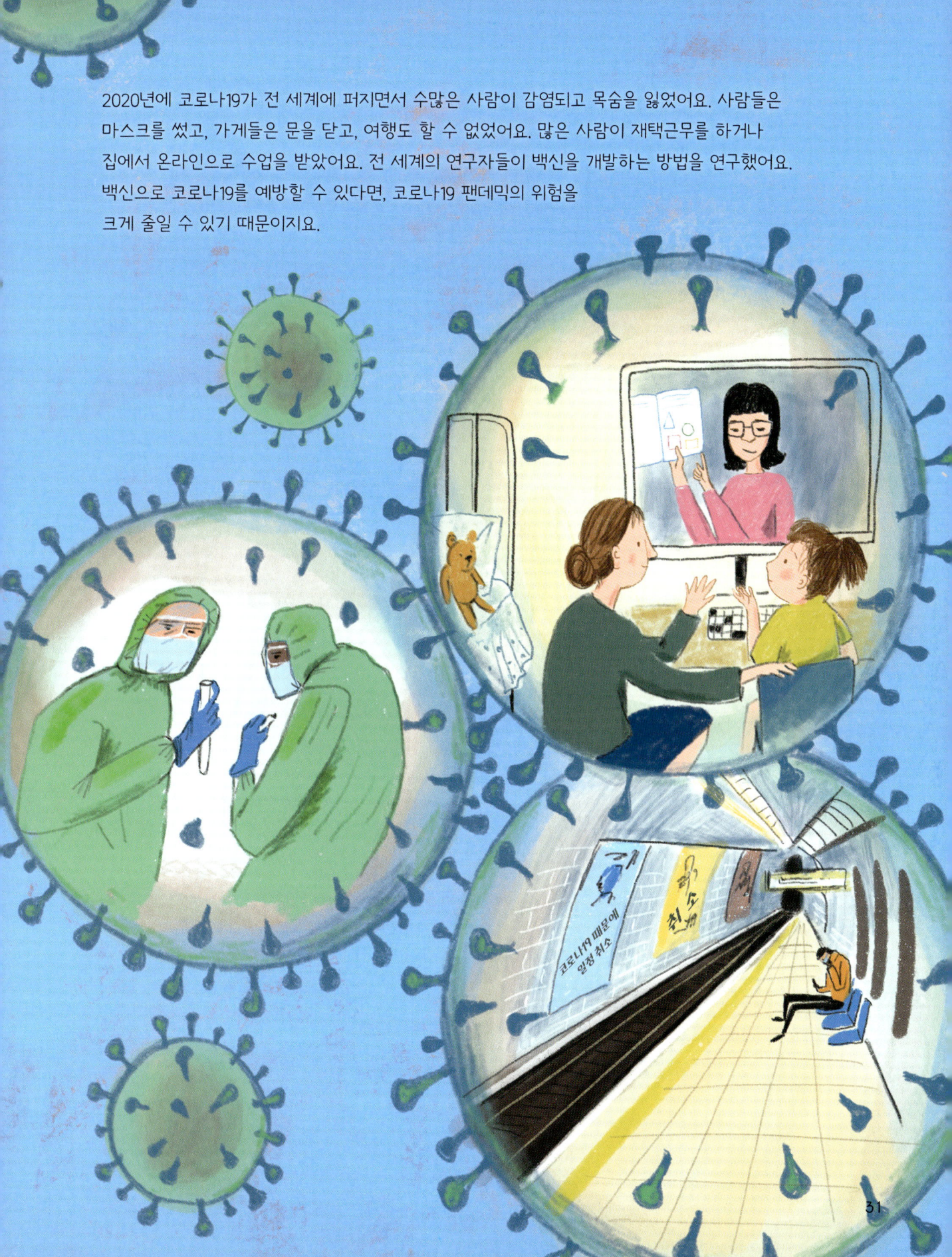

과거에는 바이러스를 약하게 만들거나 죽은 바이러스를 사용해 백신을 만들었어요. 그런데 커털린은 mRNA를 이용하면 백신을 훨씬 빨리 만들 수 있을 거라고 믿었어요. 와이스먼도 같은 생각이었고요. 와이스먼은 이렇게 말했어요. "연구를 시작할 때부터 우리는 이 기술이 팬데믹이 발생할 때 매우 유용하게 쓰이리란 사실을 알고 있었어요. 이 기술을 사용하면 백신을 아주 빠르고 쉽게 만들 수 있기 때문이지요."

"나는 그저 내 일을 사랑하고, 그 일들이
갖고 있는 모든 가능성을 늘 믿어요.
내 연구가 결실을 볼 만큼 충분히
오래 산 게 기쁠 뿐이에요."
— 커털린 커리코 박사

바이오엔테크와 거대 제약 회사인 화이자의 과학자들은 커털린의 아이디어를 바탕으로 연구를 시작했고, 모더나도 같은 방식으로 연구를 진행했어요. 한편, 다른 제약 회사들은 전통적인 방법을 사용해 백신 개발에 돌입했어요. 커털린의 연구 덕분에 화이자와 바이오엔테크는 코로나19 바이러스의 DNA 염기 서열을 파악하자마자 몇 시간 만에 백신을 설계할 수 있었어요. 모더나도 mRNA 백신을 만들었어요. 그러나 이렇게 개발한 백신은 시험을 거쳐야 했어요. 상황이 워낙 급박하다 보니, 많은 임상 시험이 동시에 재빨리 진행되었어요. 정상 상황이라면 몇 년이 걸려야 할 임상 시험이 10개월 만에 끝났어요. mRNA 백신이 과연 효과가 있는지 모두 간절한 마음으로 기다렸어요.

성공이었어요! 화이자-바이오엔테크가 만든 백신은 효과가 아주 뛰어났어요.
커털린은 그 결과에 너무나도 흥분해서 성공을 축하하느라 구버스 한 통을 다 먹었어요.
백신은 코로나19에 감염될 위험을 크게 낮춰 주었고, 또 감염되더라도 증상이 심해질 가능성을
낮춰 주었어요.

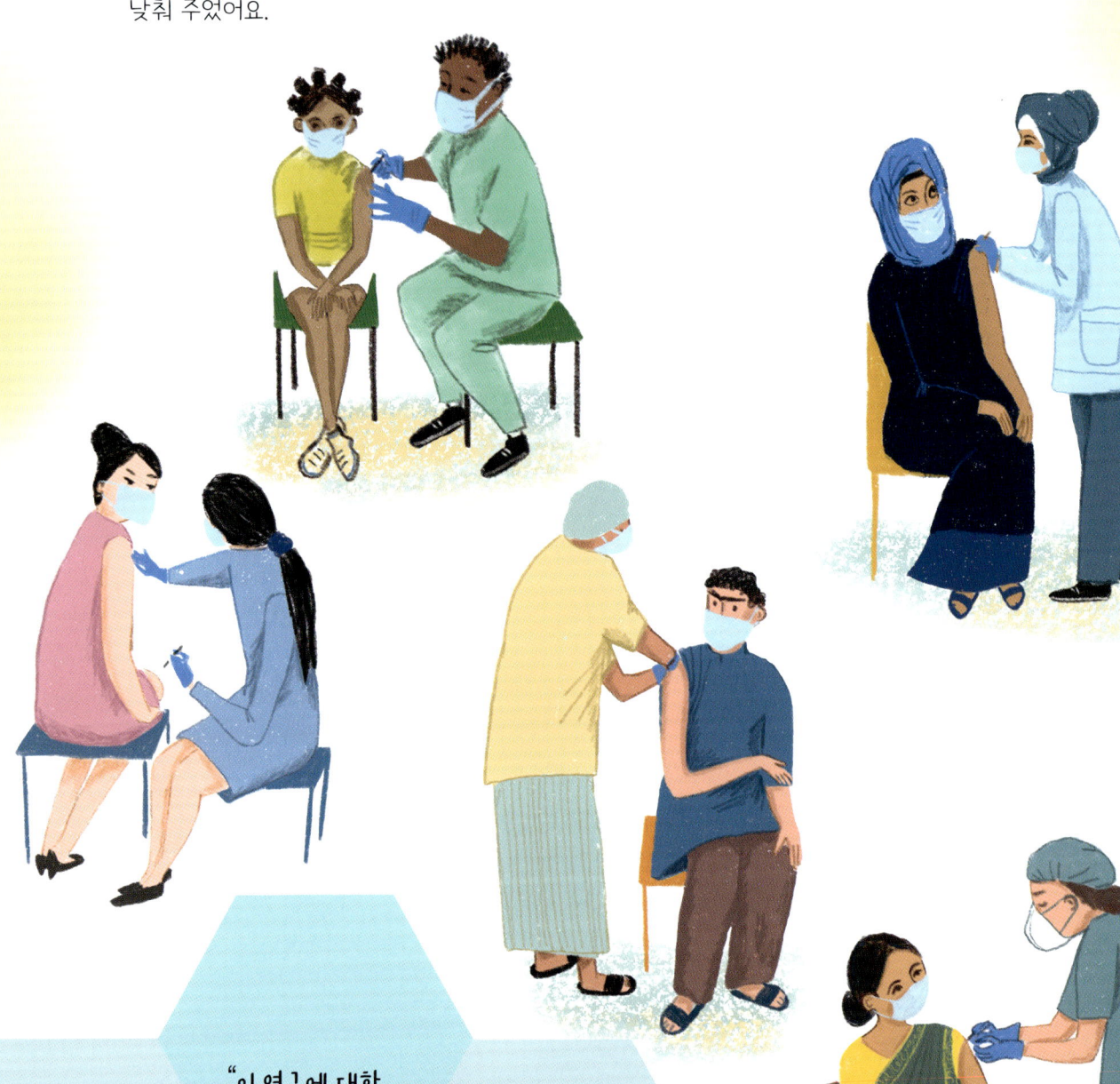

"이 연구에 대한
관심과 흥분이 너무나도 크기 때문에,
다른 질병의 예방과 치료를 위해서도
이 mRNA 백신 기술을 개발하고
시험하는 것이 가능하리라고 기대합니다."
— 커털린 커리코 박사

커털린이 온 세상이 끔찍한 팬데믹에서 벗어나도록 도울 수 있었던 것은, 절대로 포기하지 않는 불굴의 정신 덕분이었어요. 40여 년에 걸친 끊임없는 노력이 마침내 결실을 거두었지만, 커털린은 아직 자신의 경주를 마치지 않았어요. 커털린은 mRNA 기술로 다른 질병도 예방하거나 치료할 가능성을 계속 연구하고 있어요. 언젠가는 그렇게 만든 의약품을 집에 보관했다가 병에 걸리면 치료제로 사용할 날이 올 것이라고 믿으니까요. 커털린은 아직도 호기심이 넘쳐요!

커털린 커리코(Katalin Karikó)의 생애

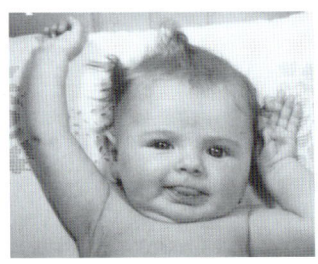

1982년: 커털린이 딸 수전 프런치어를 낳음. 커털린이 헝가리 세게드 대학교에서 박사 학위를 받고, 헝가리 생물학 연구소의 생물물리학 연구소에서 연구를 계속함.

1988년: 커털린이 템플 대학교에서 일자리를 잃음.

1989년: 커털린이 펜실베이니아 대학교에서 연구를 시작함.

1955년: 1월 17일, 커털린 커리코가 헝가리 솔노크에서 태어남. 작은 도시 키슈이살라시에서 자람.

1961년: 과학자들이 mRNA를 최초로 발견함.

1978년: 커털린이 헝가리의 세게드 생물학 연구소에서 mRNA 연구를 시작함.

1980년: 10월 11일, 커털린과 벨러 프런치어가 결혼함.

1985년: 커털린이 딸의 곰 인형에 돈을 숨긴 채 헝가리를 떠나 필라델피아의 템플 대학교에서 박사 후 연구원으로 일함.

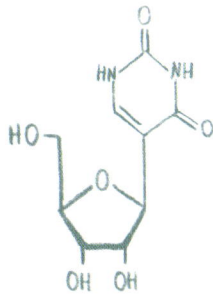
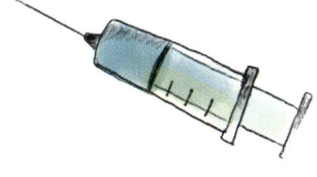
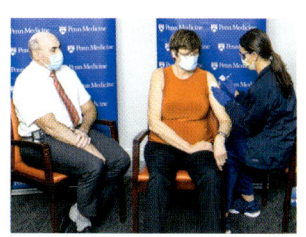

1990년: 커털린이 최초의 mRNA 연구비 신청서를 제출함.

1995년: 커털린의 직위가 조교수에서 연구원으로 강등됨.

2006~2013년: 커털린이 바이오테크놀로지 회사인 RNARx를 공동으로 설립하고 CEO가 됨.

2008년과 2012년: 딸 수전 프런치어가 미국 조정 국가대표로 출전해 올림픽에서 금메달을 땀.

2020년 12월: 대중 백신 접종 프로그램의 일환으로 화이자-바이오엔테크의 코로나19 백신을 영국의 아흔 살 여성이 처음 접종 받음. 커털린과 와이스먼도 12월 18일에 화이자-바이오엔테크의 백신을 1차 접종 받음. 며칠 뒤에 미국에서 16세 이상을 대상으로 이 백신 접종을 허용함.

2021년: 5월, 화이자-바이오엔테크 백신이 12~15세를 대상으로 접종이 허용됨. 11월에는 5~11세를 대상으로 접종이 허용됨.

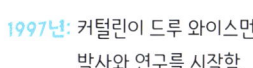

2010년: 모더나가 설립됨.

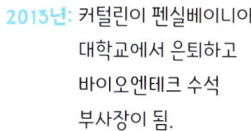
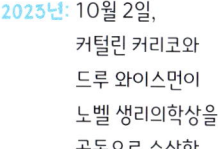

1997년: 커털린이 드루 와이스먼 박사와 연구를 시작함.

2005년: 커털린과 와이스먼이 mRNA 백신 개발의 문을 연 연구 결과를 발표함.

2013년: 커털린이 펜실베이니아 대학교에서 은퇴하고 바이오엔테크 수석 부사장이 됨.

2018년: 바이오엔테크와 화이자가 함께 손을 잡고 mRNA를 바탕으로 한 독감 백신 개발에 착수함.

2020년: 바이오엔테크와 화이자가 함께 손을 잡고 mRNA 기술을 사용해 코로나19 백신을 만듦.

2023년: 10월 2일, 커털린 커리코와 드루 와이스먼이 노벨 생리의학상을 공동으로 수상함.

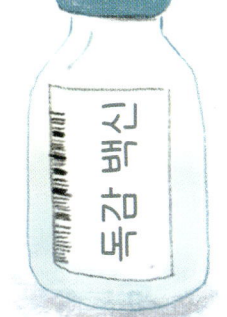

백신을 만드는 과정

백신을 개발하려면 10~15년 또는 그보다 더 오랜 시간이 걸릴 수 있어요. 그다음에는 동물 실험과 임상 시험 단계를 통과하고 나서 보건 당국의 승인을 받은 뒤에야 비로소 사람들에게 사용할 수 있어요. 코로나19 백신을 시급히 개발해야 할 때, 다행히도 커털린 커리코는 이미 필요한 연구를 상당히 많이 마친 상태였어요.

mRNA 백신은 전통적인 백신보다 훨씬 빨리 대량 생산할 수 있어요. 예컨대 회색질척수염 백신을 전통적인 방법으로 만드는 데에는 약 18개월이 걸려요. mRNA 백신은 실제 바이러스를 사용하는 대신에 감염을 막는 지시만 사용하기 때문에 빠르게 만들 수 있어요. 화이자와 바이오엔테크는 불과 60일 만에 300만 명분의 백신을 만들 수 있어요.

미국에서 백신이 시중에 보급되기까지 거쳐야 하는 단계들

1. 연구 단계

백신 개발 방법을 연구하고 발전시켜요.

2. 임상 전 시험 단계

최초의 실험들이 시작되고, 백신을 동물에 투여해 안전성과 효능을 시험해요.

3. 임상 시험 단계

개발된 백신이 FDA(식품의약국)의 승인을 받으면, 이제 사람을 대상으로 임상 시험을 시작해요. 만약 어느 부분이 FDA의 승인을 받지 못하면, 그 부분을 적절히 변경한 뒤에 다시 FDA의 승인을 받아야 해요. 그때까지 임상 시험은 중단되거나 보류되어요.

임상 1상: 작은 집단에 백신을 투여하고, 그 결과를 면밀히 관찰합니다. FDA가 임상 시험 결과를 검토한 뒤에 다음 단계를 진행해도 좋다고 승인해요.

임상 2상과 3상: 특정 나이와 건강 조건을 갖춘 더 큰 집단에 백신을 투여하고, 그 결과를 면밀히 관찰합니다. 그리고 FDA의 검토와 승인 단계를 거쳐요.

4. FDA의 심사 과정과 최종 승인

백신이 정말로 안전한지 확실히 하기 위해 모든 실험과 임상 시험 결과를 FDA에 제출해 심사를 받아요. FDA는 모든 결과를 철저히 검토해요. 최종 승인을 내리기 전에 백신 생산 장소가 청결한지도 꼼꼼히 따져요.

5. 생산과 품질 관리

의약품 생산 시설이 위생적인지, 그리고 의약품이 제대로 만들어지는지 계속 감시하고 꼼꼼히 확인해야 해요. 이러한 감시는 심지어 임상 1상이 시작되기 전부터 시작되어요.

글쓴이의 말

커털린 박사의 선구적인 mRNA 연구는 내게 큰 영감을 주었고, 다른 사람들에게도 그 위대한 업적을 널리 알려야겠다는 생각이 들었습니다. 커털린 박사가 많은 고난과 역경을 견뎌 낼 수 있었던 것은 mRNA가 언젠가 사람들에게 큰 도움을 주리라는 믿음 때문이었습니다. 연구에서 성과를 얻지 못한 적도 숱하게 많았지만, mRNA를 포기하지 않고 끝까지 연구한 끝에 마침내 결실을 맺었지요. 코로나 19가 전 세계에 창궐했을 때, 커털린 박사의 호기심과 불굴의 용기는 수많은 인명을 구했습니다.

많은 사람에게 2020년과 2021년은 끔찍한 비극의 해였습니다. 내 가족도 비극을 피해 가지 못했지요. 그 비극의 시절 때문에 우리는 사랑하는 막내아들 알렉스 데이디를 잃었습니다. 많은 가족도 우리 가족처럼 결코 이 슬픔에서 벗어나지 못할 테지만, 나는 커털린 박사처럼 세상을 더 나은 곳으로 만들려고 노력하고 어려운 시절이 닥쳤을 때에도 결코 포기하지 않는 과학자들에게 큰 감사를 드리고 싶습니다.

용어 설명

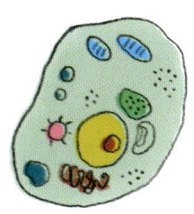

단백질: 아미노산으로 이루어진 큰 분자. 단백질은 세포 안에서 아주 열심히 일해요. 일부 단백질은 세균과 바이러스를 물리치는 항체로 작용해요.

DNA(디옥시리보핵산): 생물이 발달하고 살아가는 데 필요한 모든 정보를 담고 있는 복잡한 분자로, 살아 있는 거의 모든 세포에 들어 있어요.

바이러스: 동물, 식물, 세균 따위의 살아 있는 세포에 기생하여 살아가고, 세포 안에서만 증식하는 미생물. 일부 바이러스는 병을 일으켜요.

백신: 우리 몸이 병원균과 맞서 싸워 감염을 막게 해 주는 물질. 대개 주사를 통해 몸속에 집어넣어요.

세포: 생물체를 이루는 가장 작은 기본 단위. 아주 작은 일부 생물은 단 하나의 세포로만 이루어져 있어요. 우리 몸에는 혈액세포, 뼈세포, 근육을 만드는 세포를 비롯해 약 210종의 세포가 있어요.

코로나19: 바이러스가 일으키는 신종 질병. 2019년 말에 처음으로 사람이 감염된 사례가 보고되었어요. 순식간에 전 세계로 퍼지면서 1918년의 스페인 독감 이후 최악의 팬데믹을 일으켰어요.

팬데믹: 전염병이 전 세계적으로 크게 유행하는 현상 또는 그런 병.

항체: 해로운 세균과 바이러스에 들러붙어 그 기능을 무력화시키는 단백질.

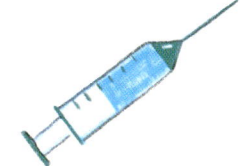

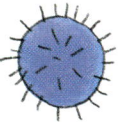

감사하는 말

면역학자로 일하는 딸 리비커 데이디 박사와 약학 분야에서 과학자로 일하는 남편 에릭 데이디 박사, 그리고 자문 위원인 케이틀린 모라비토 박사에게 소중한 지식과 통찰력을 제공해 준 데 대해 감사를 표시하고 싶다.

자신의 이야기와 전문가의 조언을 제공한 커털린 커리코 박사와 그 딸 수전 프런치어에게도 감사드린다.

오스트리아과학기술협회로부터 받은 빌헬름 엑스너상과 헝가리 정부로부터 받은 세체니상을 비롯해 많은 상을 받은 커털린 박사에게 축하의 말을 전한다. 모더나의 공동 창립자 데릭 로시는 "커털린 커리코는 노벨상을 받을 자격이 충분히 있다"라고 말했다.

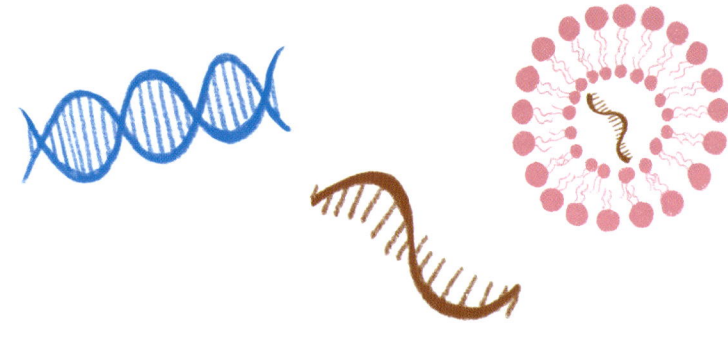

인용문 출처

"연구실에서 일하는 것은…… 않더라도 말이에요": Vicky Feng, "How Covid Vaccine Tech Could Soon Be Used to Fight Cancer," Bloomberg, April 9, 2021, https://www.bloomberg.com/news/videos/2021-04-09/how-covid-vaccine-tech-could-soon-be-used-to-fight-cancer-video.

"최고의 과학자들은…… 능력에 있었다": Gina Kolata, "Kati Karikó Helped Shield the World from the Coronavirus," *New York Times*, last modified April 17, 2021, https://www.nytimes.com/2021/04/08/health/coronavirus-mrna-kariko.html.

"커털린은…… 결과를 가져왔다": Kolata.

"나는 쓰러지면…… 알았지요": Sarah Newey and Paul Nuki, "'Redemption': How a Scientist's Unwavering Belief in mRNA Gave the World a Covid-19 Vaccine," *Telegraph* (London), December 2, 2020, https://www.telegraph.co.uk/global-health/science-and-disease/redemption-one-scientists-unwavering-belief-mrna-gave-world/.

"당신은 일하러…… 즐기러 가는 거지": Kolata, "Kati Kariko Helped Shield the World."

"이것은 사실…… 열정이다": "mRNA Day 2020 Celebrating the Past, Present, and Future of mRNA," YouTube video, 1:20:27, posted by TriLink Technologies, December 2, 2020, https://www.youtube.com/watch?v=Eysud56Va20.

"저는 겸허해야 한다고…… 하길 원했습니다": Penn Medicine News, "University of Pennsylvania mRNA Biology Pioneers Receive COVID-19 Vaccine Enabled by their Foundational Research," news release, December 23, 2020, https://www.pennmedicine.org/news/news-releases/2020/december/penn-mrna-biology-pioneers-receive-covid19-vaccine-enabled-by-their-foundational-research.

"연구를 시작할 때부터…… 있기 때문이지요": Matthew DeGeorge, "The Vaccine Trenches," *Pennsylvania Gazette*, April 20, 2021, https://thepenngazette.com/the-vaccine-trenches/.

"나는 그저 내 일을…… 기쁠 뿐이에요": Dana Kennedy, "This Scientist's Decades of mRNA Research Led to Both COVID-19 Vaccines," *New York Post,* December 5, 2020, https://nypost.com/2020/12/05/this-scientists-decades-of-mrna-research-led-to-covid-vaccines/.

"이 연구에 대한 관심과…… 기대합니다": Penn Medicine News, "University of Pennsylvania mRNA Biology Pioneers."

"커털린 커리코는 노벨상을 받을 자격이 충분히 있다": "Katalin Karikó, the Hungarian Biochemist behind the COVID Vaccines," *Kafkadesk,* December 7, 2020, https://kafkadesk.org/2020/12/07/katalin-kariko-the-hungarian-biochemist-behind-the-covid-vaccines/; Kennedy, "This Scientist's Decades of mRNA Research."

더 읽어볼 만한 자료

"Biology for Kids DNA and Genes." Ducksters, accessed June 23, 2022, https://www.ducksters.com/science/biology/dna.php.

Cuomo, Chris. "She Is One of the Scientists Who Paved the Way for the COVID-19 Vaccine." CNN video, 3:57, December 15, 2020. https://www.cnn.com/videos/health/2020/12/15/katalin-karik-biontech-senior-vice-president-mrna-cpt-vpx.cnn.

"How Do COVID-19 mRNA Vaccines Work?" WebMD video, 3:09, February 9, 2021. https://www.webmd.com/vaccines/covid-19-vaccine/video/video-covid-mrna-vaccine.

"How mRNA Vaccines Work." YouTube video, 4:25, Posted by Simply Explained, December 30, 2020. https://www.youtube.com/watch?v=WOvvyqJ-vwo.

"How Vaccines Work against COVID-19: Science, Simplified." YouTube video, 2:15. Posted by Scripps Research, December 18, 2020. https://www.youtube.com/watch?v=uWGTciX795o.

Levine, Sara. *Germs Up Close.* Minneapolis: Millbrook Press, 2021.

Marshall, Linda Elovitz. *The Polio Pioneer.* New York: Knopf Books for Young Readers, 2020.

Messner, Kate. *Dr. Fauci: How a Boy from Brooklyn Became America's Doctor.* New York: Simon and Schuster Books for Young Readers, 2021.

Pham, LeUyen. *Outside, Inside.* New York: Roaring Book, 2021.

Slade, Suzanne. *June Almeida, Virus Detective! The Woman Who Discovered the First Human Coronavirus.* Ann Arbor, MI: Sleeping Bear, 2021.

"What Is DNA for Kids/An Easy Overview of DNA for Children/Awesome DNA Facts." YouTube video, 5:25. Posted by Learn Bright, March 6, 2019. https://www.youtube.com/watch?v=921XdtoRAoo.

Woollard, Alison, and Sophie Gilbert. *The DNA Book.* London: Dorling Kindersley, 2020.

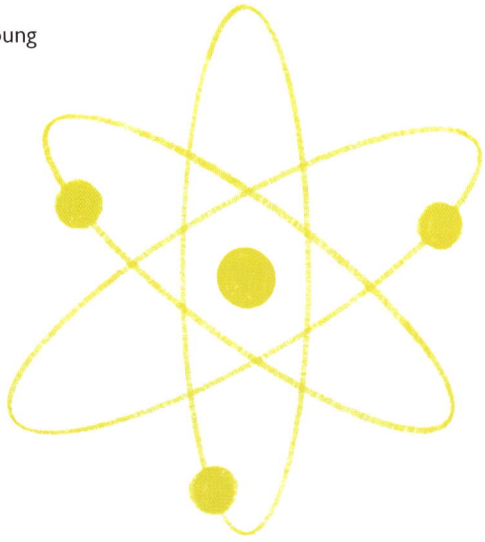

글쓴이 데비 데이디 DEBBIE DADEY

초등학교 교사와 학교 사서로 일했고, 약 200권에 이르는 책을 집필하거나 공동 집필했다. 어린이를 위한 책으로는 마시아 손턴 존스와 함께 쓴 『베일리 학교 어린이들의 모험』 시리즈와 『인어 이야기』 시리즈가 있다. 데비는 재미있게 부풀려서 쓴 전기 작품도 두 권 썼지만, 논픽션 그림책으로 낸 전기 작품은 이 책이 처음이다. 데비는 많은 곳에서 영감을 얻는데, 그중에는 다 자란 자녀 세 명도 포함된다. 데비는 테네시주의 통나무집에서 남편과 그레이하운드 두 마리와 함께 살고 있다. 홈페이지 www.debbiedadey.com

그린이 줄리애나 오클리 JULIANA OAKLEY

어린 시절부터 그림에 큰 매력을 느꼈다. 평생 많은 장소를 여행하고 또 여러 곳에서 살면서 다른 문화와 자연과 친숙해졌다. 그 과정에서 밝은색에 대한 열정이 자라났고, 자신의 그림을 통해 그것을 생생하게 묘사하고 있다. 일상생활에서 많은 영감을 얻는데, 이 책의 그림을 그릴 때에는 팬데믹과 전 세계에서 전개되는 상황에 큰 영향을 받았다. 지금은 아름다운 바레인 왕국에서 남편과 자녀, 고양이, 개와 함께 살고 있다. 홈페이지 www.julianaoakley.com

옮긴이 이충호

서울대학교 사범대학 화학과를 졸업했다. 지금은 교양 과학도서의 번역가로 활동하고 있다. 『신은 왜 우리 곁을 떠나지 않는가』로 제20회 한국과학기술도서(대한출판문화협회) 번역상을 수상했다. 옮긴 책으로는 『진화심리학』, 『천 개의 뇌』, 『물리적 힘』, 『경영의 모험』, 『사라진 스푼』, 『차이에 관한 생각』, 『원소의 이름』, 『원자 스파이』, 『물고기가 사라진 세상』, 『처음 읽는 양자물리학』, 『처음 읽는 상대성 이론』, 『처음 읽는 코스모스』, 『처음 읽는 에너지』, 『처음 읽는 미생물의 세계』, 『10대를 위한 종의 기원』 등이 있다.

나는 포기하지 않아!
코로나 백신의 어머니 커털린 커리코

1판 1쇄 인쇄 2023년 11월 15일
1판 2쇄 발행 2024년 5월 1일

글쓴이 데비 데이디   그린이 줄리애나 오클리   옮긴이 이충호
펴낸이 조추자   펴낸곳 두레아이들
등록   2002년 4월 26일 제10-2365호
주소   (04075)서울시 마포구 독막로 100 세방글로벌시티 603호
전화   02)702-2119(영업), 703-8781(편집), 02)715-9420(팩스)
이메일   dourei@chol.com   블로그   blog.naver.com/dourei   인스타그램   instagram.com/dourei_kids

• 책값은 뒤표지에 적혀 있습니다. 잘못 만들어진 책은 구입하신 곳에서 바꾸어 드립니다.

ISBN 979-11-91007-40-4 77990